밤에 우는 새

정일남 시집

계간문예

밤에 우는 새

| 시인의 말 |

시는 고향의 흙냄새다.
발효된 어머니의 간장 맛이다.
가난을 이겨내기 위해 시를 썼다.
물소리 바람소리에 취해 살았다.
시로 위로받고 여기까지 왔다.
13번째 시집을 낸다.

2020년 가을
정일남

■ 차례

시인의 말 • 5

제1부

도라지꽃 • 17
섬에 가서 • 18
분수噴水 • 19
시인의 자존심 • 20
미정고未定稿 • 21
사각의 방 • 22
고독이란 녀석 • 23
밤에 우는 새 • 24
무당벌레 • 25
화성의 토양 • 26

제2부

형장의 이슬 • 29
험난한 길 • 30
코 • 31
창조주의 신비 • 32
참새들의 좌담회 • 33
죽음 연습장 • 34
정처定處 • 35
접시에 담은 요리 • 36
젊은 시인에게 • 37
저 바람 물결 • 38

제3부

잠수함 쿠르스크호 • 41

이오리梨梧里 2 • 42

어느 졸부猝富의 질문 • 43

신의 배려 2 • 44

석탄 채굴 • 45

서울역 • 46

생멸生滅의 경계 • 47

사색인의 군말 • 48

부엉이 • 49

발바닥 • 50

제4부

바람의 통로 • 53
민들레의 꿈 • 54
무풍지대 • 55
무량한 나날 • 56
몽돌 • 57
들바람꽃 • 58
들개 2 • 59
돌아올 수 없는 길 • 60
독존獨存 • 61
도화桃花 • 62

제5부

다시 청자를 보며 · 65
내 속에 내가 없다 · 66
나팔소리 · 67
나의 교만 · 68
나비의 침묵 2 · 69
꽃상여 · 70
고요해지는 것 · 71
강한 날개 · 72
갈대밭 근처 · 73
숨어있는 걸작 · 74

제6부

빈처貧妻 • 77
무진 일기 1 • 78
무진 일기 2 • 79
무진 일기 3 • 80
무진 일기 4 • 81
무진일기 5 • 82
무진 일기 6 • 83
무진기행 7 • 84
무진 일기 8 • 85
무진 일기 9 • 86

제7부

무진 일기 10 • 89
무진 일기 11 • 90
무진 일기 12 • 91
무진 일기 13 • 92
무진 일기 14 • 93
무진 일기 15 • 94
어머니 • 95
빗소리 • 96
피곤하면 잠이다 • 97
이것이 세월이다 • 98

제8부

재판관을 찾는다 • 101
담배 피우는 여자 • 102
인류人類 • 103
절벽 위에서 • 104
고상한 말이 사라진다 • 105
공황장애 • 106
경계심 • 107
꽃 지는 저녁에 • 108
장미 가시 • 109
물 보러 간다 • 110

제9부

아픔을 사랑하라 • 113
자연에 안기다 • 114
시의 영토 • 115
소녀 가장家長 • 116
황성荒城 • 117
질경이 • 118
오래된 기억 • 119
야구 왕 루 게릭 • 120
자식들에게 주는 말 • 121
이름 모를 꽃 • 122

발문 _ 시에 대한 나의 단상 _ 정일남 시인 • 123

제**1**부

도라지꽃

산속 외진 곳
세월이 가는지 오는지 모르고 살았다
숲 향기와 골짝 물소리가 좋았다
솔개가 지상을 관찰하고 갈 뿐
아무도 꽃의 마음을 몰랐다
신神만이 알고 있을지
인기척을 두려워했다
하늘만 보고 살아서
하늘색이 되었다

도라지 도라지 심심산천의 도라지
누구 눈에 들기 위해 살지 않았다
아무도 모르게 살다 가면 되는 것을

섬에 가서

부두에 오르니 섬은 나를 유심히 본다
웬 놈이냐, 의심을 품고 노려본다
해풍에 억센 어부들은
팔을 걷어붙이고 열성이다

섬은 육지에서 버림받은 나를 받아준다
돌 하나 조개껍질 하나에서
바위틈에 사는 풍란까지
어느 하나도 보물 아닌 게 없다

나는 도시에서 떠도는 노숙의 섬들
늙고 병들고 굶주린 섬들을 보고 살았다
바다는 섬을 등에 업고
일모日暮를 통과하는 중
나는 마음속에 섬을 심는다

분수 噴水

믿음에 확신이 서니
가야 하는 길
목숨을 내놓기로 했다

번득이는 칼로 내리치니
목을 벤 자리에서
젖빛 핏줄이 하늘로 솟구쳐 올랐다
하늘이 캄캄해지고
땅이 진동했으며 꽃이 떨어지니
괴이한 일이었다

왕이 놀라고 신하들이 두려워했다
목숨 하나 승천한 뒤
지당池塘에
때 아닌 연꽃이 피었다

시인의 자존심

시인이라고 기죽어 살 순 없다
당당하게 살아야 한다
가난을 자처한 것이 죄가 될 수 있지만
시를 쓴다고 감옥에 보낼 법조문은 없다
가슴 펴고 얼굴 들고 자부심을 가져야 한다
시에 매진하는 것이 손에 잡히는 게 없지만
영혼에서 건져 올린 광채
미지에 민들레 왕국 하나 개척한다고 생각하라
물질과 권력을 쥔 사람과 맞서서
시 한 수로 이긴다고 생각하라

권력을 이기는 힘은 시구詩句가 풍기는 향기
부드러운 언어와 숙달된 슬픔이 무기다

미정고未定稿

나는 여인을 손님으로 앉혀놓고
시화詩話를 주고받으며 운 적이 있다
실패한 시를 은박지에 싸서
강물에 띄워 보내며
수장水葬의 시를 오래 바라보았다
바다로 가서 어느 묘지에 이를 건가
어느 날 다른 손님을 맞아
다른 심장을 가진 시구詩句를
시의 접시에 담아 손님께 내밀자
식욕이 없다며 가버렸다
시가 돌에 새겨지는 것은 부끄러운 일
멧새가 문자를 파먹는 것을 멸시로 여긴다
시를 쓰며 울지 않기로 했는데
멍청한 시가 먼저 울어버린다

사각의 방

붉은 벽돌로 쌓은 사각의 벽
그 속에 갇혀 여기까지 왔다
나는 가난을 자처하고 재물을 탐하지 않은 죄
시마詩魔에 홀려 같이 놀아난 죄
객지를 떠돌며 빈처貧妻에게 씻을 수 없는 죄가 있다

갇힌 방을 감옥으로 바꾼 날로부터
잠은 죄수의 잠이고 옷은 수의로 바뀌었다
전동차가 산을 돌아가는 바퀴 소리가 멀어진다
하루가 저녁에 이르고 황혼이 내린다
나는 사각의 방을 뒷짐 지고 돌아다니며
무기징역을 사는 사람

밥을 먹고 죄의 시를 쓰고 자만하는 동안
신혼시절의 당신이 벽에 걸린 액자에서
미소 짓고 내려다본다

고독이란 녀석

지옥문 앞에서 기죽을 것 없다
큰소리로 공갈을 쳐보는 것이다
어차피 당하는 일 너 죽고 나 죽자 맞서는 게 아니겠어
고독사를 면하려면 고독을
유용하게 써먹는 방법을 익혀야 한다
사색과 명상을 즐길 수 있다면
고독은 돌부리에 걸려 넘어지는 인연이 된다
고독을 안고 그 공간에서
여유를 갖고 담배 한 대 피우는 사이
죽음이란 녀석이 와서 어깨를 툭 친다
따라오라는 눈짓이다
나와 멀리 있는 줄 알았던 녀석이
코앞에 와서 애교를 부린다 엉큼한 놈
고독의 본색은 고동색이다

밤에 우는 새

답답한 새도 있다
울려거든 낮에 울 것이지
평생 한 가지 생각만 껴안고 우는 새
무엇에 분이 맺혀 토해내는 울분
사연이 무엇인지 들은 얘기가 있지만
나는 어디서 영감을 얻어 우는 법을 익혀야 하나
폐肺를 앓는 달이 지상을 내려다보면
눈을 뜨는 달맞이꽃
네 한을 고독에 바친 금욕주의자도 있었다
모두 잠든 밤에 호소하는 것이
악령에 의한 비분이라
그 연유를 캐려고 했으나 단서를 잡지 못했다
밤을 긁어대며 목이 쉰 새
고요는 입이 없고 침묵은 허파가 없다
나는 귀만 살아 칠야를 선호한 사람
두견의 울음에 나를 잃어버렸다

무당벌레

내가 살던 어릴 적 두메
복사꽃 마을에 무당이
굿을 하며 먹고살았다
무당 딸은 다 예쁘게 생겼더라
무당벌레야, 너도 무당 딸 못지않게
예쁘게 생겼구나
예쁜 것은 놓치고 싶지 않았지
내가 하고 싶은 말이 있다
'우리 같이 살다 같은 나라로 가서
우리끼리 살았으면 좋겠다'
무당벌레는 말이 없었지
붉은 저고리에 검은 점이 나는 좋더라

화성의 토양

장차 인간이 지구를 떠나게 되면
정착해 살아야 할 땅이 될지 모르는 저 광막한 세계
붉은 사막이라 할까
미개척지라 할까
미래에 옥토가 될지도 모르는 토양
인간이 이상국을 세울지도 모르는 황무지
우주에서 인간이 살기에 조건이 알맞다는
저곳이 장차 꽃이 피고 나비가 날으는
초원이 될지도 모른다
양떼가 풀을 뜯고 목동이 피리를 불던
또 하나의 지구가 될지도 모른다
장차 후손들이 이주해 정착하기까지는
신神이 휴식하고 있는
미개척의 세계 일 뿐

제2부

형장의 이슬

높은 담벼락 위에 가시철망이 설치되어 있다
저 안의 죄는 보이지 않고 하늘은 푸르다
감방 안쪽은 고요하다

사형선고를 받은 죄수가 떠날 때
곡비가 없었고 신의 배려도 없었다
사형 당사자는 장기를 기증한 상태
검사의 인정신문이 끝나고 종교의식도 마쳤다
드디어 집행의 저승 청부업자가 와서
검은 천을 얼굴에 씌우고 밧줄을 목에 걸며
유언을 말하라고 했다
그리고 잘 가라는 말 한마디
순간 마루가 꺼지며 천 길 지옥의 나락으로 떨어진다
환기통으로 보던 별은 사라지고
귀뚜라미 소리가 뚝 끊어졌다

생각하면 나도 무기징역을 사는 사람이다
내 죄는 누설되지 않았을 뿐

험난한 길

부유하는 물질은 허파를 향해 다가온다
저 미세 물질을 피할 방법이 없다
사람들은 죽음에 둔감한지 오래
악령들의 모의는 소리가 나지 않는다
독성으로 뒤덮인 도시
허파가 슬퍼하는 것을 아무도 모른다
저녁이 되면 상한 양파 냄새가 역하고
오던 길로 굴러오는 낮달
낮달도 허파가 많이 상했다
누구에게 말을 걸 수 없고
말을 걸어오는 사람도 없다

코

산맥이 차차 높아지면서 허공을 오르다가
갑자기 단층을 맞아 절벽을 이루었다
절벽에 쌍 굴이 생겼다

때론 탁류가 흐르다가 막히기도 하는데
이른바 감수感崇의 계절
악마가 장난을 치는데 막히면 곤욕을 치른다
신이 동굴 속 불순물을 탁류에 흘려보낸다
동굴 보존이 질환과 연관되어
신의 경고전언이란 말도 있다

신비의 동굴은 공기가 들어가고 나올 때만
살아있는 동굴이다

창조주의 신비

인간의 얼굴은 이마 밑 눈썹 아래
아름다운 두 개의 호수가 있다
그 아래 형성된 산맥은
절벽에 두 개의 동굴이 있다
동굴은 간혹 물이 흐른다
신이 동굴을 만들 때
허파와 내통하게 만들었으며
마시는 산소가 허파로 운반된다
이런 작용으로 인간이 산다
콧대가 낮은 사람은 겸허하나
콧대가 높은 사람은 오만방자하다
코는 온갖 냄새를 맡아보고
평가하는 분석관이다

참새들의 좌담회

저녁이면 참새 떼가 대숲에 모여 좌담회를 연다
수다를 떠는 것 같지만 그들은
보고 느낀 것을 주제로 토론회를 열었다

거짓말하는 자는 떠나라
분수를 모르는 자는 떠나라
위선자는 물러가라
법 없어도 살 자만 남아라
그런 결론이 나왔다

나뭇잎은 햇살에 반짝인다
재물이 없으니 잃을 것이 없고
요절한 시인의 시구詩句에 빠져든다
어둠이 내리고 달빛이 마당을 방문했으니
나는 귀인을 방으로 초대해
시화詩話를 나눌 시간

죽음 연습장

어느 바르게살기운동 단체가 운영하는
체험교육장을 찾아 관광버스를 타고 두메로 갔다
관리 여직원이 반가이 맞아주었다
예의범절 도덕윤리 부모공경 애국심 등의
체험실습이 끝나고 죽음을 체험하는 과정이 남았다
줄을 서서 차례를 기다렸다
앞사람이 관棺 속에서 나오며 눈물을 흘렸다
드디어 내 차례, 관속에 들어가 하늘을 보고 누웠다
관리자가 관 뚜껑을 꽝 닫고 검은 천을 덮었다
눈을 떠도 눈을 감아도 캄캄한 어둠

이게 무덤이고 죽음이구나
육체는 썩고 흙이 되겠구나
얼마가 지났을까 관 뚜껑이 열렸다
내가 내일 없어질지 모르는 일
영혼을 꽃피워야겠다고 생각했다

정처 定處

내가 없으면 나를 에워싼 만물은 의미가 없다
내가 있을 때 꽃은 피고 과일은 익어 굴러온다
나비는 날아와 어깨에 앉는다
나를 에워싸고 말을 걸어오던 부지기수들
나와 관계를 끊고 사계四季 밖으로 갈 것이다
미세물질은 허파를 갉아먹는다
몸의 반은 이미 흙으로 읽히고
두뇌의 반은 해골로 읽힌 지 오래
봉분에 바람꽃이 피어 손짓하게 되면
만 리 밖에서 무덤새는 날아와
꽃그늘에서 졸다 갈 것인가
마음속엔 동혈에서 흘러온 강물이
혼탁한 도시를 가로질러
간문間門을 흘러가게 될 것이다

접시에 담은 요리

나는 누구의 시선을 끌 풍경이 아니다
자유와 평화를 말하지만
사물을 억압하고 살지 않았나

접시에 담은 시 한 편 속에
우주를 통째로 담겠다고
얼마나 위세를 부리고 방정을 떨었던가
수사와 기교와 온갖 요설로 멋을 부리며
새로운 발견을 했다며
열변을 토하던 지난날
그게 허위란 것을 안다

진정성이 없는 요설에
식욕을 끌만한 미각은 없었다
접시에 담아낸 요리에
누구도 수저를 드는 자 없었다

젊은 시인에게

가난을 택한 것을 부끄러워하지 말라
빈곤하게 살더라도 소신을 지키면
그게 지락至樂의 길이다
권력에 머리 숙이고 아첨하는 걸 부끄러워하라

물질에 현혹되면 영혼이 흐려지고 만다
인간의 가치를 따질 때
물질로 계산하는 자도 있으나
젊은 시인이여
모국어로 가꾸는 야생화가
물질 숭배와는 다른 가치를 지닌다
청빈과 고독을 먹고 살아라

한 번 피면 지지 않는 꽃
시공을 초월하는 꽃을 피워라
눈물이 꽃잎을 적시게 하라

저 바람 물결

눈먼 사색에 험로를 가는 비포장길
해진 가죽배에 육체와 영혼을 싣고
발병 나면 반창고 붙이고 가던 길엔
버스도 다니지 않는 길이었다

오월 보리 필 무렵의 훈풍에
보리밭이 물결치고
해와 달과 구름이 다니는 길이었다

객지에서 도시 변두리를 떠돌며
뿌리내리기엔 역부족이었던 삶
밤이면 불빛 휘황한 지하실로 몰려가던 히피족들
생각하면 땀 흘려도 손에 잡히는 게 없었다
좌절의 늪에 빠져 풀뿌리 잡고
간신히 함정을 벗어난 기억들

바람 물결에 웃는 꽃이 있어
그 힘으로 여기까지 왔거니

제3부

잠수함 쿠르스크호

2000년 8월 12일 노르웨이 북쪽 바렌츠해에서 훈련 중이던
러시아 핵잠수함 쿠르스크호는 암흑 속으로 침몰했다
누구도 상상하지 못했던 돌발사건이었다
돌아오라 용사들이여!
러시아가 그렇게 간절히 기도했지만
118명의 승무원에겐
기적이란 없었다
그들은 러시아를 지킨 수병들이었다
용사들은 잠수함과 운명을 같이했다
어느 수병 신혼 아내의 말 한마디
'당신에겐 내가 짧은 사랑이었지만 당신은 나의 영원한 사랑'

오늘 내 시의 임무를 부여받은 은유 속에도
무수한 언어의 병정들이
미궁 속으로 침몰 중이다

이오리梨梧里 2

지난 과오들이 스쳐간다
지난 날짜는 등 뒤에서 멀어지는데
어둠과 빛의 고요에 닻을 내리고
나는 낡은 구두 배에 실려 흘러간다
눈금으로 세상을 가늠하는 잣대는 있다
발자국이 포개져 황톳길이 생겼다
발병 나도록 걸어도 취락聚落은 보이지 않아
미개한 비포장 길을 가다보면
어떤 걸음은 중도 하차하고
누구는 눈썹이 무겁다며 뽑아버리고
숨 멎어지기까지 병을 감춘 채
송홧가루 내리는 언덕 아래
꽃 피는 곳은 어느 물목에 있나
공포의 발자국을 길에 보탰다

어느 졸부(猝富)의 질문

갑자기 졸부가 된 청년이
시골에서 농사짓는 친구를 만나 말했다
'자넨 왜 그렇게 힘들게 사나'
'요령 없이 땀만 흘리고 사는가'
콩 심은 데 콩 나고 팥 심은 데 팥 나는
계산의 시대는 지났다고 설명했다

땀 흘리지 않고 손에 흙 묻히지 않고도
머리만 잘 굴리면 모든 게
마음먹은 대로 이뤄진다고 했다
씨앗은 한 해에 한 번 수확하지만
주식은 매일매일 새끼를 친다고
그는 농부 앞에서 일장 연설이
통달한 선지자 같았다

신의 배려 2

베토벤은 귓병이 악화되었다
귀가 멀어지자 두려워진 그는
슈미트 박사의 충고로 두메에서 여섯 달을 보냈다
신이 나를 버리는구나
하지만 음악에 대한 욕구는 강해졌다

애인과의 파국, 나폴레옹의 침공
절망적인 혼돈 시대에
장엄한 운명교향곡은 완성되었다
두 귀가 심해深海를 헤매고 있을 때
빈에서 역사적인 공연이 있었다
객석의 청중들이 기립 박수를 쳤으나
베토벤의 귀는 듣지 못했다

예술의 완성은 어디서 오는가
신의 질투가 아닌 마지막 배려였다

석탄 채굴

우리가 막장에서 땅을 파내려 가면
묻혀있는 고생대의 원시림이 드러난다
밤낮을 교대로 검은 자원을 캐냈다

도시락으로 점심을 먹으며 나는
불세출의 명작 "감자를 먹는 사람들"이란
반 고흐의 그림을 떠올렸다
그가 젊을 때 탄광으로 가서 광부를 위로했다
나는 무모하게 시구詩句 하나 캐려고 했으나
폐가 망가져 스트렙토마이신을 먹으며 견디었다
진폐로 병든 동료들 요양병원으로 가고

역두에 쌓인 석탄은 50톤 화차에 실려
망우리 저탄장에 부려졌다
연탄 한 장 한 장이 달동네의
영세민 온돌방을 따뜻하게 해 주길
겨우내 불이 꺼지지 않기를 바랐다

서울역

찬비 내리던 날이었다
1936년 이상李箱이 기차를 타면서
'휴머니즘은 최후의 승리를 가져온다'
그 말을 남기고 부산으로 떠났다
관부연락선을 타고 일본 땅을 밟았다
그리고 1937년 4월 이상은 유골이 되어
고국으로 돌아와 미아리 공동묘지에 묻혔다
그 후 개발에 밀려 묘지는 간 곳없다
이상의 영혼은 어느 허공을 헤맬 것인가

오늘 서울역 대합실엔 노숙자가 신문을 깔아놓고
컵라면으로 요기를 때운다
광장의 가설무대엔 강연회가 있었다
노학자가 단상에 올라 자유와 평화에 대해
열변을 토하자 갈채가 쏟아졌다
다른 편엔 발랄한 신세대들의 공연이
자유분방한 춤과 노래로 이어졌다
고향을 상실한 자들의 유배지

생멸生滅의 경계

거울보고 몽당연필로 반달 그리던 누님
거울도 누님도 간 곳을 모른다
말 못할 슬픔은 힘이 세다
불륜은 불통의 난해성을 무기로
첨병이 되어 기존의 틀을 부수고 공격해온다

모두 꽃이 되려 하나
나는 잎이거나 줄기가 되어도 좋겠다
사람들이 수다를 떠니 꽃이 눈을 감는다
망가진 허파로 세계를 보니 어둡다

누님과 살던 마을의 뽕나무 밭
오디가 익은 철에 오디 따던 누님의 손
뽕잎은 누에가 갉아먹고 실을 뽑아
감옥에 갇힌 고독은 우화羽化을 거쳐
어떻게 변신을 하는가

사색인의 군말

구름의 의상이 수의壽衣로 보인다
명성을 얻는데 평생을 바친 사람이
탑을 허무는데 걸린 시간은 하루아침
농부는 거둔 곡식을 자루에 담는다
쌀을 생산하는 자는 말이 없다
과거를 애절하게 들여다보지 말라
거기 구할 게 없고 이미 막幕이 닫친 무대다
글을 잘 쓰려고 애쓰지 말라
바르게 살면 그게 명문장이다

실패한 자는 실패의 분석가가 되라
지는 해는 황홀감을 안겨준다
죽음은 유혹한다, 날 따라가자고
때로는 풀숲에 귀 기울여보라
같이 살자고 악수를 청하는 벌레가 있다

부엉이

네 야행성에 의문을 갖고 살았다
낮이 저물기를 기다리다가
황혼이 되면 날아오르는 새
밤에 바라본 인간 세계는
어떻게 보였는지 너는 알 것이다
거짓과 위선이 난무하고
밤무대는 불륜의 사랑이 꽃 핀다
지혜의 부엉이는 밤을 새우며
네 둔탁한 울음 속에
나를 깨우치는 섬뜩함이 있었다

발바닥

만남과 이별이 발을 땅에 딛고 이뤄진다
게이를 찬성하는 정부도 생겼고
나는 몽돌 밭을 맨발로 거닐며
해방감에 자유의 삶을 즐긴다
발바닥에 느껴지는 감촉이 감미롭고
파도에 젖는 발등은 간지럽다
발목에 감기는 목걸이 물꽃 피고
가죽구두에 실린 발뒤꿈치의 먼 여정
포구에 닿으니 게이들이 몰려든다
소라껍데기만 남고 소라의 발은 어디 갔나
발바닥은 볕을 볼 낯이 없다

제4부

바람의 통로

척추는 척추끼리 말을 하고
늑골은 늑골끼리 말을 한다
뼈가 주고받는 말은 우린 왜 썩지 않고
풍화되지 않는가, 그런 의문인데
그렇다
천년 고분에서 고고학자가 발굴한 것이 그것이다
인간은 뼈에 대해 사리에 대해 말한다
생명이 끝나면 육체는 부엽토로 돌아가고
혼魂은 우주로 도주한다

우레가 지나간 뒤쪽이 고요하다
구름 머문 언덕에 무덤 푸르고
산자락에 피었던 나리는 머물다 떠난다
나도 지구 모서리에 머물다 갈 것
시인의 이름은 풀무치에도 미치지 못한다

민들레의 꿈

전철이나 기차 철로 변에
민들레꽃이 지천으로 피어있다
민들레는 키가 너무 작다
하지만 키 큰 해바라기를 부러워한 적은 없었다
낮은 자리지만 꽃을 피우고 씨를 맺었다
하루는 기차 역장이 민들레를 보고
한마디 말을 건넸다
'너희들 기차 타고 어디로 가고 싶은 게로구나'
'하지만 너희들은 키가 작아서 기차를 탈 수 없단다'
민들레는 자기들만의 생각이 따로 있었다
기차를 타고 가는 게 아니라
바람에 낙하산을 펴고 하늘로 날아서
먼 섬으로 가 자기들의 영토를 만들고
민들레 왕국을 세워 살았다

무풍지대

갈대가 흔들리지 않아 운치가 없다
돛배는 정지된 상태로 길을 잃었고
바람은 어느 부토에 코를 박고 있을지

형을 살고 풀려난 여자가 온다는데
내가 보약이라도 한 첩 준비해야겠다
발병 나고 지친 몸으로 온다는데
길에 나가 기다리다 맞아야겠다

바다는 풍파가 일지 않은지 오래
낙타 눈에 오아시스 고요에 달빛 푸르고
꽃은 간들거리지 않아 율동이 없다
나는 망가진 허파를 침대에 눕힌다

무량한 나날

많이 걸어왔다 발병이 나도 쉬어 갈 곳이 없다
날이 저물어 새가 날아가고
내 헛기침에 내가 놀란다
고독이 여물면 몇 줄 쓴다
이런 분위기에 낮은 데로 흐르는 물소리
울적할 때 휘파람을 불어본다
가난과 슬픔이 용서되어야 하고
만져지는 것보다 만질 수 없는 것이 소중한데

자정이 지나면 어둠의 먼 곳에서
동이 트이고 발자국 소리 들려온다
개미들이 줄을 이어 행군하는 아침
나팔소리 들리고
머물다 떠난 선현先賢들은 한결같이
고독과 명상에 아파한 사람들이었다

몽돌

해변에 와서 느낀다
맨발로 몽돌 밭을 걸어본다
억만 년을 되풀이한 파도의 작업이
모난 돌을 깎아 몽돌이 되었다
파도가 모난 돌을 깎는 동안
지구는 늙고 병들어 회복이 불능인데
몽돌은 몽돌끼리 부딪히는 소리에 물꽃 피고
급이 높은 몽돌이 되려고 지금도 제 몸을 깎는다

몽돌이 내게 하는 말
인간은 세상을 살아오면서
모난 마음을 깎을 생각을 하지 않느냐고 묻는다
그 말을 듣고 몽돌 밭을 거닐며
깨침이 없는 나는 살아온 날이
얼마나 부끄러우냐

들바람꽃

들이 아니면 필 생각이 없었다고
마음에 선을 그어놓았다
할머니가 하는 일은 들깨 농사인데
개똥밭에 터를 잡은 것이 잘한 일이라고
들바람꽃은 흐뭇했다

들깨가 여물어 할머니가 보자기를 펴놓고
들깨를 두들겨 패는데
'나도 때려줘요, 나도요'
서로 매를 맞으려고 할 즈음
들바람꽃은 웃기만 했다

보자기에 안기는 할머니의 흥얼거리는 노래
들깨 향기가 나를 감싸고
할머니의 일 년 농사가 짭짤했다

들개 2

벌판을 헤매는 그림자가 있었다
갈비뼈를 핥고 있는 들개는
그게 자기 조상의 뼈라는 것을 몰랐다

나도 벌판을 헤매는 두발 가진 짐승
안개는 낮게 배를 깔고 엎드려
죽어가는 풀을 조문하는 것 같았다
녀석은 어쩌다 주인을 잃었고
나도 개발에 밀려 집을 잃었으니
같은 운명이란 이런 것인가

우린 천대받고 산 게 아니라
어쩌다 잘못 태어난
우울한 토종이다
녀석이 나를 따라온다

돌아올 수 없는 길

마을 앞에 냇물이 흐르고 있었다
물은 쉬어가고 싶었으나
머물만한 대합실이 없었다
아이들은 물 건너 쪽에 갔다가
저물어 어두우면 무서워 돌아오곤 했다
어느 날 아이들을 앉혀놓고 아버지가 당부했다
너희들 둥지를 떠나 멀리 가라
낯설고 두려운 도시로 가서
혼자 살아갈 자생력을 길러보라
책을 읽고 생소한 체험을 해보고
악한이 길을 막으면 대처하는 실력을 익혀라
모험을 길러 새 명소를 개척하면
그것이 세계가 놀라는 위업이 될 것이야
결코 돌아오지 말기를

독존獨存

나는 내 방식으로 살아왔다
나만의 고집으로 누가 탐하지 않는 구석
가문을 더럽히지 말자는 생각
매운 고추 맛이 몸에 배었다

흐르는 물 보러 가는 취미 하나
저녁이면 모색暮色을 뒷짐 지고 보는 고적감
달뜨면 지기를 만난 듯했다
달빛에 미인의 뒷모습이 보이는 밤
누가 대금 부는 소리 들리면
고적해도 사는 낙이 있었다

모든 것을 제자리에 두고
한 생이 눈 맑아지는 것인데
달맞이꽃을 마주 보고 앉아
밤을 새워도 괜찮았다

도화 桃花

 남들은 복숭아꽃이라 불렀지만 나는 도화라고 불렀다
누님의 이름이 도화라서 도화 누님이 좋아서
도화 나무 아래 앉아 동화책을 읽었다

세상에서 제일가는 가난도
도화 나무 아래선 용서되었다
가난이 아닌 부자, 도화 부자에
평화가 떠날 날은 없었으니까
도화 누님과 살던 마을은
때 걸러도 배고프지 않았다

누님이 도화 마을을 떠나고 나서
봄이 오고 복숭아 따는 철이 와도
도화 누님을 다시 만날 수는 없었다
눈 감으면 아련한 지난날들아

제5부

다시 청자를 보며

인고忍苦의 세월을 빚은 비색秘色은
하늘색이되 하늘색이 아니요
바다색이되 바다색이 아닌 색
여명이 트이는 순간에 영감을 준 색일까

신비의 비색悲色을 나는 본다
해와 달이 도공에게 암시를 주고 갔을 것이다
굶주림이 있었고 천대받은 도공은
신의 계시로 흙을 빚었다
실패의 시행착오는 무수히 거쳐 가고
이름을 남기지 못한 불행을 견디었다
천둥은 하늘을 울게 하고 갔거니

나는 고려 하늘에 안겨보고 싶다
수줍음이 활짝 핀 신부여

내 속에 내가 없다

우연히 스승을 만나 따라가게 되었다
스승을 따라가다가 문득 서서 생각했다
스승이 좋긴 한데 닮아간다는 게 옳은 일인가
나를 잃어버리고 스승이 된다는 것을 깨닫고 나서
이건 나를 찾는 길이 아니구나
스승을 따라가다가
내 혼을 잃고 말았다

그걸 깨달았을 때 남들은
자기 영토에 깃발을 꽂았고
내가 집을 지을 땅은 없었다
남의 흉내를 내며 따라 하느라
내 속엔 속빈 강정뿐
내 속에 내가 없었다

나팔소리

고교시절에 친구였던 그는
트럼펫을 잘 불었다
일찍 부모와 사별한 그는
황혼이 내리면 학교 뒷산에 올라가
트럼펫을 불며 고적감을 달래었다
트럼펫 소리는 허공으로 퍼져나갔다

나는 그의 분위기에 빠져
나를 잊어버리는 망각에 빠졌다
고아로 자란 그와 가난에 대해 얘기했고
불행하게 산 그와 친하게 되었다
트럼펫 소리가 황혼 속으로 사라지면
그는 산에서 내려왔다

그는 미래에 무엇이 되겠다는 말이 없었고
우린 졸업과 동시에 헤어졌다
지금 어디서 무엇이 되어 어떻게 사는지

나의 교만

고독은 숙달되면 친해볼 만하다
시詩의 신神은 눈을 씻고 보아도
정체를 모르니 내가 구시렁거렸다

폭포 밑에서 피를 토하며 발성 연습을 하는
미친 자가 아니면 가인歌人이 될 수 없다고
탁자를 내리치며 얼마나 유세를 부렸던가
타인의 인격을 뭉개고 방정을 떨며
재물과 권력을 제외하고는
누구라도 상대해 주마
내가 아니면 쓸 수 없다며
한때 나는 기고만장했다

나를 화장한 잿더미 속에 사리는 없고
신과 합작한 시구詩句 하나 남을 거라고
얼마나 위세를 부렸던지

나비의 침묵 2

꽃은 열흘을 살기 어렵고
그리움은 모드라기풀인 양 오래 산다

나비를 부러워하는 것은
날아다니는 자유가 아니라
슬퍼도 내색하지 않는 침묵이다
나비가 춤을 추는 것 같지만
춤을 춰야 할 즐거움이 있겠는가
나는 나비를 보면 불안한 생각을 한다

어느 날 숲에서 거미줄에 걸려있는
나비의 잔해를 보고
불행이 무엇인지를 알았고
침묵이 무엇인지를 배웠다
바람이 지나가다 침묵을
건드려보고 간다

꽃상여

동료 광부가 죽었다 뒷수습은 우리들 차지
역전 주점에서 그와 나는 인생과 시와 죽음을
얘기하며 석탄의 시대를 같이 살았다

그는 이립而立의 나이에 죽었다
밤새워 우린 상여 틀을 꾸몄다
광부 중엔 염장이도 있고
관棺을 짜는 목수도 있고
상여가 나갈 때 호리곡을 부르는 자도 있었으니
상여를 메고 공동묘지를 오르면
나비가 앞장서고 부인은 뒤를 따랐다
상여꾼은 언덕을 오르며 장난을 치고
죽은 자 저승 보내기 좋은 날
우린 노잣돈을 보태주었다

어언 반세기가 흘렀다
추석에 찾아오던 부인은 오지 않고
귀뚜라미가 홀로 봉분을 지킨다

고요해지는 것

까맣게 탄 개미가 한 줄로 서서 가고 있다
너희들 누구 장례식에 가는 건지
고요한 것은 의식儀式을 치르는 것인데
검은 상복을 입고 고개를 넘어가는
행렬이 장행葬行이 맞다

고요는 소리가 나지 않는다
손에 잡히지 않는 것이다
무덤과 가깝지만 숨 쉬고 있는 것이고
눈을 감으면 다른 세상이 펼쳐진다
세피아 빛 세계는 신이 거쳐 간 세계
황혼은 신의 입김이 꺼버리고 만다
눈을 감고도 보이는 게 없으면
살아있는 목숨이 아니다

한 줄로 고개를 넘어가는
개미들의 행렬이 죽은 듯 고요하다

강한 날개

철새들이 떠날 철이 되었다
서운한 생각이 들지만 보내주어야 한다
오염된 땅에 와서 잘 먹지 못하고
상처 받은 마음으로 떠날까 두렵다

너희들은 구만 리를 날아야 하는 여정에 오른다
연약한 날개에 그런 힘이 있을까
대열의 중심에서
채찍질하는 어미의 단호함
이탈하면 내 자식이 아니다
추락하면 지옥이다

고뇌의 여정은 쉬어갈 대합실이 없으니
너희들 날개 깃털 하나하나에
비축한 힘을 잘 쪼개어 써야 한다

갈대밭 근처

서역으로 가는 낮달은 차다
낙엽 깔린 길이 산발치로 돌아갔다
철새들은 무리 지어 떠난다
갈대숲에 새의 깃털 하나 떨어져 있다
아직 온기가 묻어있는 깃털
바람은 풀씨를 날려 보낸다
낮달은 부고장보다 희고
전망 좋은 곳이 울기 좋은 곳
고적감에 오래 서성거렸다
장방형 무덤에 구름은 머물다 떠나고
몸을 비비는 갈대 소리에
생각은 맑아지고 하늘은 깊어진다
하구로 가는 물길은 우원迂遠 하고
물새 떼가 무수히 날아든다

숨어있는 걸작

길에 돌덩이 하나가 버려져 있었다
돌 속에 옥玉이 숨어 있었으나
사람들은 그걸 알지 못했고
세월은 눈이 먼 채 스쳐갔다
옥은 있어도 없는 듯했고
사람 발자국 소리에 숨죽이고 살았다
해와 달이 지나면서 하는 말
'때를 못 만난 게 안타까운 일이지'
번옥燔玉이 행세하는 세상
진옥眞玉은 자신의 존재를 스스로
드러내 보일 수 없었다

전설에 의하면 어느 석수장이가
어떤 예감에 천년 후에 발견했다고 전한다

제6부

빈처 貧妻

명상에 잠길 시간도 없고
고독에 기댈 나무 의자도 망가졌다
천리까지 날아간다는 천리향이 있다는데
열흘을 살다가는 꽃의 생이여
아침에 핀 꽃이 저녁에 진다

인생을 쉽게 살아야지 왜 힘들게 사나
어느 지인의 그 말 듣기 끔찍했다
나는 가난을 자처한 것은 아닌데
시를 쓰며 사는 것은 죄인 같아
골방에 숨어서 썼다

나무 그늘은 선정禪定 하듯 고요하고
지하 셋방에서 등대고 살다 간 빈처여
다시 만날 수 있다면 물가에 앉아
가난을 용서받고 싶다

무진 일기 1

문득 삼십 년 전으로 올라가 본다
민중시를 반 지하방에 엎드려 읽다가
어느 필화 사건에 휘말린 서정 시인이
아내가 떠나고 폐인이 되었다는 뉴스

홀로 깍두기 놓고 술에 빠져
깨진 사랑을 시로 토해냈다는 소문
저게 생의 실체구나
우주로 사라지는 과정이구나
88 하계올림픽이 절정에 이를 때
그는 수중으로 잠입하듯
변기 위에 쓰러져 생을 마감했다는 기사

시인이 무화無花가 되는 것은
꽃이 지는 것과 어떻게 다른지
생이여! 나는 용케 견디며
이렇게 밥을 먹는다

무진 일기 2

황혼이면 뜨거운 것이 이마에 닿는다
풍경에 열이 오른다
전두엽엔 기억을 저장하는 밀실이 있고
오십 미터 앞에 능소화가 담을 오르다가
나를 돌아보며 저런 흉물도 있나
그렇게 생각하는 듯하다
이별할 것들을 붙잡고
더부살이하는 생이여

산야에 지천인 망초꽃 성내지 않고
참새들이 깨금발로 와서
내 그림자를 쪼아 먹는다
아이들은 얼마나 약고 옹골찬지
무지개를 바라지 않고 현금을 원한다

무진 일기 3

손에 잡힐 듯 잡히지 않는 풀벌레 소리
귀는 받아먹고 골똘해지는데
풀잎에 이슬이 햇살을 받아 슬퍼한다
세상에 왔다가 짧게 살다 가는 게 이슬이다
나는 이슬과의 만남이 좋았으나
이슬이 떠나고
귀뚜라미도 만남이 끝나면
서로 헤어지는 길이 달랐다

일락서산에 고요가 내린다
희망이 보일 듯 말 듯 한 하루
시詩를 담을 접시에
고독이 발효하는 중이다

무진 일기 4

할 말이 많겠지만 개는 짖지 않는다
새벽이 와도 닭은 울지 않는다
사람도 마찬가지
상喪을 당해도 상주는 곡을 하지 않고
기분 좋은 웃음으로 문객을 맞는다
이렇게 세상이 변한 것을
누구도 이상하게 보지 않는다

잘못을 알면서 눈감아주고
일신의 영달을 누리는 자들
비리를 깨우쳐 주는 선각자가 없으니
닥쳐올 날이 암울하다
순절하는 자도 없고
절명시도 없다

무진일기 5

낙엽 냄새가 고독의 냄새를 닮았다는
정신 나간 녀석이 있었다
하지만 나는 그와 사귀고 살았다

철새들은 하늘 길을 떠나면 그만이지만
텃새들은 겨우살이 준비를 해야 한다
나도 몸 숨길 곳 없는 벌판에서 방황했다
사람은 고적감이 오면 가을임을 안다
얻은 소득이 무엇인지 계산하고
하늘을 쳐다본다

가을 여인은 화장에 관심이 없다
노숙자는 신문지보다 더 구겨졌지만
웃옷을 허리에 두른 여인들은
멋스럽고 구김살이 없는 것을

무진 일기 6

　시인이란 이름을 숨기고 살았다
객지에서 작업복을 입고
밥을 구하기 위한 현장을
일기장에 써온 게 개인사다
슬픔이든 기쁨이든 받아들이면서
옛집이 허물어진 고향
거기 어떤 꽃이 머물다 갔을까

빈손으로 와도 받아주겠다고 하나
거긴 이제 다른 세대들이 사는 곳
아는 얼굴 만나기 힘들게 되었다
오늘 쓰는 난필亂筆은
한 페이지를 넘긴다

무진기행 7

어둠에서 발생하는 것이 있다
땅속에서 미물로 살다가
지상으로 올라와 하늘을 날기까지
속박과 시련을 견디지 않으면
겨드랑이에 날개가 돋아나지 않는다

매미는 겨우 스무날의 시간뿐이라 한다
신(神)이 배려한 시간이 너무 가혹하다
그러나 날개가 하늘을 얻었으니
주어진 배려에 열심히 살았다
바쁘다 우는 일도 바쁘고 죽는 일도 바쁘다
저게 우는 게 아니고 구애라고 한다
사랑이 끝나면 이별도 바쁘다

시인은 어둠을 살아도 날개를 얻을 수 없고
이별이 있어도 감각이 무디어졌다

무진 일기 8

낙엽을 태웠다
연기 속으로 새들이 날아간다
저녁마다 낙엽을 태웠다
아침이면 또 낙엽이 쌓인다
이런 무모한 일로 시간을 보내다니
정신 나간 사람이다
만추가 남기고 가는 고적감
당신은 어디서 무엇을 하는가요

내겐 백지상태의
고독과 침묵이 없기 때문에
명상에 잠길 수 없고
걸작 한 편을 구상할 여력이 없다
많은 논쟁이 지배하는
오늘의 사회가 미워졌다

무진 일기 9

당신을 찾아 헤매다가 당신이 없는 것을 알았다
이젠 나를 찾아 헤매기로 했다
내가 어디에 있는지
잃어버린 삶이 나를 옥죈다

배소의 세월을 고요히 산 게
나의 후반기를 장식한 본색이다
나는 벌열閥閱 시인이 못 되었고
여항閭巷 시인으로 산 것을 후회 않는다

햇살이 내리 꽂히게 되면
생물들은 희열을 느끼고
풍경은 계절마다 변신을 보여준다

나는 마음의 바닥에 화원을 꾸며
나만의 방향芳香이 풍기는
기품을 모색하고 싶었다

제7부

무진 일기 10

비리로 얼룩진 세상을 원망하며
울어보려고 택한 곳이
폭포가 쏟아지는 절벽 밑이었다
마음 놓고 실컷 울었다
쌓인 울분을 토하고 나니
기분이 날아갈 듯 상쾌했다
물속에서 노인이 나타나 사연을 물었다
'무슨 일로 그리 슬피 울었소'
나는 당황스러웠으나
가문에 출세한 자가 가문을 망쳤다고 했다
노인은 물속으로 사라졌다
나는 폭포를 돌아서면서
노인의 냄새가 이승이 아님을 알았다

무진 일기 11

단풍이 머물다 간 것을 생각하면
역사의 피바람이 스쳐간 듯하다
하얀 뼈만 남아 수군대는 억새
사람들은 민둥산에 몰려와
각자 자기 생각으로 느껴보고 가는구나

바위를 보고 있으면
암갈색에 비애가 묻어있는 듯
멸망한 도시에 대한 역사 기록은
사치와 방종이 원인이라 했거니

청자는 어느 나라도 흉내 내지 못한
고려의 빛깔이다
이름을 남기지 못한 고려인의 빛이여

무진 일기 12

목표를 정한 것도 없이 걸었다
걷는 것만으로도 행운이다
낮달도 무작정 걷지 않는가
엎드려 숨죽인 겨울 벌판
논바닥은 시루떡 모양 굳어졌다
그 위에 축복인 양 눈이 쌓인다

나는 눈을 헤치고 가야 할 사람
어디에 추위를 녹일 움막도 없다
시려오는 발끝이 저려오는데
폭설을 헤치고 가는 무모함
목표 없는 발길에 힘을 준다
걷지 않으면 끝나는 생

무진 일기 13

조간朝刊에 시 한 편이 식탁에 오른다
없는 반찬에 시 한 편으로 식사를 하고
붙잡지 못한 영감들
내 영혼에 흉년이 들면 어쩌나

석양은 저녁이면 자진自盡 하게 되고
새가 날아가는 완충지대
죽은 산양이 거름이 되는데
양피지 냄새가 저런 것인가
빈 지갑의 노숙자는 자살하지 않는다

나는 황혼을 숭배하는 광신자
직업은 사색하는 것이고
주황색 모색暮色을 보내고 나면
달빛이 달맞이꽃을 피운다

무진 일기 14

사랑이 지치고 피곤할 때
얼마의 여유를 두고 헤어지는 거다
그대가 저만치 가다가 돌아볼 때
나도 가다가 뒤돌아보면
서로 미소 짓게 되느니
그대는 명상의 길을 가고
나는 사색의 길로 가면서
살아가는 고뇌에 대해
생각하는 시간을 갖게 되리
그리고 다시 만나지 못하더라도
그대와의 만남이 꽃이라 여기겠다

무진 일기 15

살아가는 일은 물이 흐르는 것과 같다
오늘 수중에 들어온 것은 내 것이 아니고
되돌려 주어야 하는 것
누가 내게 해주기를 바라지 말고
남에게 해주는 것이 어렵지만
할 수만 있다면 보람이 아니겠나

피맺힌 언어가 아니면 감동할 수 없다
나를 학대하다 나를 발견한다
마음을 치료하려고 오솔길을 걷다 보면
풀지 못한 문제를 풀 수 있으니
남을 지배하려 하지 말 일

혼자 행복해지는 것은 의미가 없다
저 군상같이 행복해야
기쁨의 영토에 들 수 있다

어머니

세상에서 가장 위대한 이름
숭고한 사랑의 이름
누군들 숙연해지지 않으랴
외로우면 입속에 뇌어보는 이름

칠야에 등잔불 켜고 문고리 잡은 채
힘쓰다 힘쓰다 힘이 부친 끝에
정신 잃고 낳으신 아기
문틈으로 새어나간 울음소리 있었다

새벽마다 물동이에 이고 온 샘물
물 사발에 담아 뒤란 장독대에 올린 정성
정화수라 했던가
당신이 올린 수천 사발의 물꽃
그 성의에 답하지 못하고 사느니

빗소리

비 오는 날
빗소리에 하던 일을 놓고
비가 울기에 나도 울었습니다

빗소리가 누구를 대신해서
우는 소리 같아서 나도
빗소리를 듣고 울었습니다

'바보같이 울긴 왜 우나'

지인이 옆에서 비웃었지만
비만 오면 우는 사람이 되었습니다
비 머금는 사람이 되었습니다

피곤하면 잠이다

사랑을 맺은 풀벌레들 이별한다
인간은 언젠가는 재회를 꿈꾸는 잠이고
이별과 재회의 연속이 인간의 역사다
벌레나 인간 삶이 피곤하면 잠이 필요하다
잠은 누워서 자는 잠이 있고
서서 자는 잠, 흔들리며 자는 잠
걸어가며 자는 잠도 있다

쑥부쟁이의 잠
채송화 기린초 구절초의 잠
걸어가는 낙타의 잠
흔들리며 잠자는 코스모스
오래된 시비詩碑의 잠이여

시인도 살아가는데 피곤하면
시를 쓰다 지치면 고독에 기대 잠잔다

이것이 세월이다

하루하루가 돈으로 살 수 없는 것인데
얼렁뚱땅 지나간다
무심한 하루
이것이 세월이다
고상하게 말하자면
역사가 되고 세기가 되고
시인의 일생이 되고

시인의 생활이 이렇다
알 수 없는 국제전화 하나
얼굴 없는 여자 문자 하나
밥 세 개에 산책 하나
달 하나에 황혼 한 개 꺼지고

고독 하나 약봉지 세 개
무서운 밤 어쩌다
시 한 개 얻으면 다행

제8부

재판관을 찾는다

오래 산 사람은 경험이 많은 사람
아이들은 경험이 없어 잘못을 저지른다
잘못을 저질러도
동심童心이니 용서해준다
무지개를 잡으려고 달려가던 동심

인간을 믿는다는 것은 분석해 봐야 한다
갑자기 친절하게 접근하는
사람을 경계해야 한다
무뚝뚝하고 냉정하지만
마음이 끌리는 사람이 있다
이론과 행동이 일치하는 사람

보지 않는 곳에서 선행을 베풀고 눈물짓는 사람
나는 어떤 부류의 사람인가
나의 양심을 판결해 줄 재판관을 찾는다

담배 피우는 여자

한 모금 빨면 세상이 내 것으로 보이는 여자
담배 맛에 생사가 걸린 여자

태평양 적도에서
북상하는 태풍
나라가 공포에 떨고 있는데
담배 한 모금으로 평화를 누린다
낙천주의자
십 년을 두고 금연하지 못했다

입술이 타들어가고
손가락이 재가 되어도
한 모금 빨아야 인생의 가치를 느낀다

누구와 타협 없는 자폐증은 자라고
담배 한 개피에서
시 한 편이 나온다

인류 人類

새 한 마리 나뭇가지에서
어디로 날아갈까 망설이다 갔다
태풍전야의 죽은 듯한 고요
침묵하고 있는 것들이 내 주변에 있다
지구와 인류 같이 가는 여행
죽고 사는 것을 달관한 사람들
두려워하지 않는다

언어도 오래 다루다 보면 지치게 마련
시인은 지치지 말라
어느 우주에 가서도 시를 써라
지구를 떠나서도 인류에 대해 써라

흰 구름 무명 한 필
어머니가 베틀에 앉아 짠 것인데
세심한 생은 자연이 되었다

절벽 위에서

내 가는 길은 앞이 절벽
절벽 끝에 꽃이 하나
절벽 밑에 나를 부르는 누가 있다
저길 내려가자면
날개를 달아야 하는데
세포가 늙어 불가능하다

나는 시인의 이름을 얻은 것이 전부
이건 허풍이 아니라
언론이 인정한 것이다
궁핍해도 견딜 만하고
흐르는 물이 유장한 역사다

절벽 아래를 내려다보는 별천지
날개는 없고 웃음이 절로난다

고상한 말이 사라진다

품위 있는 말이 저속한 말에 짓눌려
기를 펴지 못한다
진실이 불의에 고개를 들지 못한다
병이란 말에 사람들은 지쳤다
언어를 사용하기도 지쳤고
향기로운 말이 사라진다
거칠고 난폭한 말이 기승을 부린다

항우울제로 사는 시인이
누구와도 말을 걸고 싶지 않다 하고
불면증에 시달리는 사람이
문명이 발달할수록 늘어간다
담배 피우고 아픈 시를 쓰고
낮달과 구름 아래 오래 살아라

공황장애

담배에 중독된 사람
담배 끊기 힘들다고 하더라
사람 하나 죽는 것이
벌레 죽는 것과 같은데
어떤 죽음은 세상이 뒤집어지도록
요란법석을 떨기도 하더라
'꽃이 파랗더라'고 쓴 시인도 있더라
꽃이 파랗다면 파랗게 질린 사람인가
정신장애는 그렇더라
줄담배를 피우고 소주를 마셔도
공황장애를 애인으로 안고
오래 살 거라
살아있는 것이 거짓이 아니더라

경계심

세상을 살아보니
의심되는 일은 늘어만 간다
사람을 사귀어 보면
당황하고 두려울 때가 있다
화를 내야 할 때 화를 내지 않고
미소 짓는 사람
미소 지어야 할 때 미소 짓지 않고
화를 내는 사람도 있었다

인간의 심리는 안개 속 같아서
손으로 잡을 수 없으니
이런 사람들을 만나면
극도의 경계를 해야 한다
갑자기 무슨 일이 벌어질지
아무도 모르기 때문

꽃 지는 저녁에

누군지 어디서 우는 소리가 공기에 실려
내 귀에 들려오는 듯하다
이름을 부르며 우는 소리라니
세상에 내 이름 아는 사람 없는데
꽃 지는 저녁에 내 이름 부르며
우는 사람은 누구신가

세상을 울기만 하는 까닭이
내가 살아온 세상과 무슨 연관이 있는지
그대는 누구며 무슨 연유로
울음의 달인이 되었나
내 이름에 눈물로 도배를 하는 자여
그대는 어느 종족 계열의 누구신가

장미 가시

아이들이 장미에 대해 묻는다
장미꽃엔 왜 가시가 있나요

조물주인 신神이 처음
장미꽃을 만들 때는 가시가 없었단다
사람들이 장미꽃을 꺾어가고부터
장미 가시가 생기게 되었단다

아이들아
꽃은 사람들이 눈으로 보고
마음으로 느끼라고 핀 것이지
꺾어가라고 핀 것이 아니란다

물 보러 간다

자연의 구조는 산과 물로 되어있다
산은 발치에 물이 흐르게 했고
물은 산의 화체를 적시며 벌판으로 달린다
나는 시간이 허락되면
산 아래 앉아 흘러가는
물을 보는 것을 좋아했다
인생의 곡절을 보는 것 같아
자리를 뜨지 못하고 오래 앉아
나 자신이 살아온 험로를
돌아보게 되느니
물이 깨우쳐주는 교훈을
인생의 지표로 삼고 살아왔다
물이여, 네가 낮은 자리에서
살겠다는 겸허함이 나는 좋더라

제9부

아픔을 사랑하라

멍하니 정신 나간 사람으로 서 본다
떠오르는 게 시 한 구절인데
그건 남이 선점해 써먹었다
유효한 것은 나를 떠나
다른 곳으로 갔으니
나는 무엇을 얻어 착상着想을 해야 하나

기울어진 해는 황혼에 들고
이룬 게 없는 나는 아프다
산자락에 마가레트는 피고
아프다고 할 때가 전성기
아프다는 것은 살아있는 것이니
아픔이 없으면 목숨이 끝난 것

자연에 안기다

저녁연기에 새들 날아가고
달빛 무게에 은행잎 떨어지는구나
지친 땅을 건너 구름은 어디로 가나
허공이 씻은 듯 비었구나
풀숲 귀뚜라미 간다는 이별에
우린 만나 유효하게 살았다
조금도 후회 없는 삶이 맞는가
한 번 빌린 것은
소중히 사용하다 돌려주마
떨어진 은행잎 베고 잠들 리

시의 영토

세상을 밝힐 시구詩句 하나를 찾아
일생을 바치는 일이 아깝지 않다면
도전해 볼 일이다
졸고 있는 자의 눈을 뜨게 할
절구 하나 내 능력으로 건질 수 있을까

나는 정신 자폐증에 걸려
천대받고 신의 도움으로 살아왔다
나의 언어와 신의 언어가 조화를 이뤄
하늘과 땅을 감동시킬 요량으로
미지의 불모지에 언어의 씨를 뿌리고
이름 지어지지 않은 꽃을 피우게 되면
시인의 혁명이 되지 않겠나

그런 미개척지가 어딘가 숨어있어
시인을 기다리고 있다고 믿어왔다

소녀 가장家長

홀로 밥을 먹다가 생각이 났다
언젠가 신문기사에서 보았던 소녀

아버지는 경마장 경륜장 카지노를 떠돌며
일확천금을 노리다가
집 날리고 자가용 날리고 가정 파탄으로
부모님은 뿔뿔이 헤어졌다는 소식
밥을 먹다가 목이 메어 삼키지 못했다

비 맞고 서있는 전주대를 보았다
삶이 꺼질 듯 꺼질 듯하며
복지 사각지대에서 살아가는 가장
누구는 복이 넘치지만 아픈 곳이 많은 세상
이게 우리 사회의 자화상이 아니겠나

황성 荒城

어쩌다 여기 와 보니
꽃은 만발하고
아이들은 드론을 날리며 노는데
일장춘몽이라 해야 하나
허무라고 해야 하나
영화를 누렸던 인걸들 어디 갔나
역사의 기록은 승자의 입맛에 맞게
일률적으로 쓰여졌거니
의롭게 산 자들 바른 기록은
묻혀버리고 말았다
황폐한 성城이 다시
천 년을 흐른 후에
황성의 달밤은 달맞이꽃 피려나

질경이

구둣발은 오늘도 밟고 가네요
밟히면 밟힐수록 살겠다는 의욕이 생겼어요

나리, 밟고 가소서
우마차도 밀고 가소서
소인들은 밟고 가시라고 길에 나왔습니다요
질경이는 한양 길에 지천으로 깔려있었다
화장 냄새를 풍기는 귀부인이시여
밟고 갈 때는 버선코에 입 맞추고 싶었어요

천해도 견본이 되는 삶을 살고 싶었지요
결리는 늑골을 잡고
입 앙다물고 자리를 지켰어요
밟혀도 목이 부러진 동료는 없었어요
하늘엔 잉여剩餘의 해가 붉었어요

오래된 기억

가장 즐거운 시간은 땀 흘려 일하고
나무 그늘에 앉아 쉬는 것이다
돈을 빌리는 사람보다
빌려주는 사람이 어리석다
그냥 주는 것이 편하다

죽음은 슬픔이 아니다
해방과 안식을 준다
생애를 바쳐 얻은 것이
시詩 몇 편이라니 비참하다

아버지의 유산 10만 프랑의 반을
사창가에서 탕진한 보들레르
불행하게 살았지만 진흙탕에서 보석을 캐냈다
꽃을 악惡이라 부르고
해골 위에 앉아 유쾌하게 웃었다

야구 왕 루 게릭

미국인이 가장 좋아하는 야구 선수에 루 게릭이 있다
뉴욕 양키스 1루수 루 게릭
그는 1923년 뉴욕 양키스에 입단했다
그는 2130 경기 연속 출전 기록을 세웠고
역대 최다 만루 홈런 23개, 역대 최다 1루수 타점 1995개

하지만 그는 불행하게도 몸의 근육이 수축되는
경화증으로 메이저리그 야구계를 떠났다
의학계는 루 게릭이 사망한 병이라 하여
루게릭병이란 이름을 붙여주었다
루 게릭이 죽기 전에
'저는 지구상에서 가장 운이 좋은 남자입니다'라고 말했다

루 게릭은 야구공이 날아오면 불치병을
날려버리기 위해 방망이를 휘둘렀다
어깨에 새긴 문신의 독수리는 야구장 하늘을 높이 날았다
루 게릭이 날린 공이 허공을 날아갈 때
독수리는 더 높이 날았다

자식들에게 주는 말

물려줄 재산은 없다
다만 내가 바라본 자연과 인간과 사회를
압축한 시 몇 편을 전할 뿐이다
가난하게 살았지만 비굴하게 살지 않았다
한 번 넘어진 몸은 바로 설 수 있지만
잘못 뱉은 말은 돌이킬 수 없다
말할 때는 몇 번 생각 끝에 하라
추한 행동을 하면 망신을 당한다

진실을 사랑하고 불의엔 등을 돌려라
돈을 벌어서 자립하게 되면
개성을 찾아 그 분야에서 길을 찾아라
건강이 보장되어야 행복의 길이 열린다
밤에 깨어 앉아 내가 누군지 돌아보라
나를 찾아 이기는 것이 승리자다

이름 모를 꽃

길을 가다 이름 모를 꽃을 보았다
그냥 가기 아쉬워 잠시 서서
너 이름이 뭐냐고 물었다
나를 멍하니 쳐다보며
뭐라고 말을 할 듯하다가
입을 다물고 부끄러워한다
꽃은 마음속에 무언가 간직하고
열흘을 살고 가버렸다

시를 쓰는 나도 부끄럽다
이름에 연연하지 않고
여생을 시구詩句를 매만지다
가버리면 되는 것을

시에 대한 나의 단상

| 시에 대한 나의 단상 |

시에 대한 나의 단상

정일남

(시인)

　전선電線이 하나가 아니라 두 줄이 흘러가야 등대에 불이 켜질 수 있다. 하나의 동선으로는 불을 밝힐 수 없다. 음양설陰陽說이 다른 것이 아니다. 우주의 원리는 음양의 조화로 이뤄졌다는 동양사상이 오늘에도 변하지 않는다. 나는 두 줄의 시. 혹은 두 줄을 곱한 네 줄의 시를 염원했으나 그것을 실천에 옮기지 못했다. 거미줄 모양 많은 줄이 반드시 필요한 지를 자문해 왔다. 두 줄의 시詩면 외로운 등대에 불을 켤 수 있다는 논리가 시의 짧은 화두였다. 기차도 두 줄의 레일로 벌판을 달린다. 해와 달, 하늘과 땅, 바다와 육지, 현세와 내세, 이런 관계는 상극이 아니고 상생의 관계다. 새삼 자연의 이치에 놀라게 된다. 인간은 풍요의 사회가 될수록 어딘가 한적한 곳으로 돌아가 살기를 원하게 된다. 꽃과 새들이 노래하는 숲 속에 별장을 짓는다. 공해가 없는 곳에서 맑은 공기를 마시며 살기를 원한다.

자연에 안겨 불치병을 치료하는 인구도 늘어간다. 그러나 대부분의 인간은 소음과 공해 속에서 복잡한 삶의 테두리를 벗어나지 못하고 살아간다. 시를 쓰는 사람들도 여유가 생기면 숲 속에 움막을 짓고 자연의 품에 안겨 자신의 사상과 정서를 시로 표현하면서 유유자적하기를 바라게 된다. 손에 잡히지 않는 시라는 괴물을 상대로 생을 탕진하는 것이 과연 무슨 의미가 있는가를 생각하면 생을 분지르고 싶기도 할 것이다. 하지만 시와 사귀면서 가난을 견딜 수 있는 의지가 있는 사람은 시에서 자신의 영토를 구축하고 불모지에 영원히 지지 않는 꽃밭을 경영하게 될 것이다. 하지만 나는 비참하게도 나만의 영토를 구하지 못했다. 남이 선점하고 만 때문이다. 이것이 내 인생의 비극이다. 나의 후반기가 이렇게 허무해졌다. 인간을 배우는 길을 시에서 구하려 했으나 길은 종착이 가깝다.

우리의 천재 시인 이상李箱이 100년 전에 이미 〈지구는 부서질 정도만큼 상했다…〉라고 예언했고, 〈이미 여하한 정신도 발아하지 아니한다〉라고 했다. 오늘의 현실을 미리 예고하는 시를 남기고 갔다. 루게릭 병을 앓았던 천재 물리학자 스티븐 호킹 박사가 〈지구를 살리려면 100년 내에 지구를 비우고 인류가 다른 우주로 떠나야 한다고 경고한 것보다 이상 시인이 먼저 경고한 것이다. 시인이 이런 경고를 한 것은 이상뿐이다. 시가 없는 세계에서도 즐겁게 살 수가 있다. 우리는 시의 정신만으로 우주의 섭리를 말하기도 지쳤다. 오늘의 시는 이미 예술의 중심에서 벗어난 지 오래다. 시라는 이름으로 난무하는 저질의 모국어가 얼마나 많은가.

시가 대접을 받지 못하는 것이 독자에게도 있지만 시인 자신에게 있다는 얘기다. 문학모임에 가보면 시낭송은 뒷전으로 밀리고 음악이 주인행세를 한다. 시는 들러리에 지나지 않는 경우도 있다. 시인은 배우가 아니다. 시인이 무대에서 할 일은 시를 낭송하는 것 외에 아무것도 없다. 시를 눈으로 읽는 경우보다 시인이 자작시를 육성으로 낭송하는 것이 두 배 내지는 세 배의 감동을 줄 수 있다. 시인은 은둔하고 살았다. 얼굴을 감추고 시만 발표하는 것만으로도 책무를 다할 수 있었다. 방랑과 순례는 그 자체가 연극이었고 무대가 아니었던가. 오늘의 시인들은 스스로의 품위를 격하시키는 것은 아닌지 자성할 일이다. 예수나 붓다가 광야나 산상에서 방황한 것은 시인의 이미지와 겹치는 것이었다. 그 삶 자체가 시의 형식이었다고 본다. 물론 시인의 뼈가 성골聖骨은 아니지만 그렇다는 말이다. 우리는 시인들을 접해보면 이론이 정연한 시인이 쓴 시가 오히려 별 감동을 주지 못하고 이에 반하여 이론을 앞세우지 않는 시인의 시에서 오히려 귀기鬼氣스런 감동을 느낄 때가 있다. 교수 시인이 쓴 시도 좋지만, 용접공 시인이나 빌딩 페인트공 시인, 그리고 농부 시인이 쓴 시에서도 감동을 느낄 때가 많다. 다양한 직종의 시인들이 더 나오면 좋으리라.

　소월素月이나 이상李箱 또는 만해 같은 시인들은 당대에 누구도 시의 가치를 높이 평한 평자들이 없었다. 자기들의 시를 자신들이 과시하지도 않았다. 오직 독자들이 평해주기를 바랐을 뿐이었다. 그것이 작고 시인들의 겸허한 태도였다. 말하자면 자기 자랑을 하지 않았다는 점이다. 그래서 작고 시인들을 존경하는 것이다. 그러면서도 오늘날 그들의 시가 빛나는 것은 그들과 아무 이해관계가 없는 후세의 평자들이 중립적 입장에서 평해 주었기 때문이다. 그런데 오늘의 시인들은 자기 시의 정당성을 변명하기에 급급하다. 자기 시에 대해서 할 말을 다 해버리는 것이다. 이것은 시인의 잘못이기도 하지만, 문예지의 편집자가 그렇게 유도하는 것이 문제이기도 하다.

　대부분의 문예지가 어느 시인의 작품을 특집으로 올리고 그 뒤에 평론가의 해설을 싣는다. 평론가는 그 작품에 대해서 미비한 점을 지적하는 경우가 거의 없다. 주로 좋게 써주고 마는 것이다. 어떤 경우는 풍선을 띄워주어 시인을 날게 만들기도 한다. 근친상간인 경우가 많으며, 서로가 서로를 추켜 주는 경우도 있다. 이것은 한국문학의 발전에 전연 도움이 되지 못하는 일이다. 문학작품이야말로 수학의 답처럼 하나가 아니다. 고정되어있는 것이 아니다. 해석의 여하에 따라 다양한 답이 나올 수 있다. 결코 틀에 박힌 것이 아니다. 오늘날 평가를 받지 못한 작품이 미래에 가서 빛을 발할 수도 있을 것이다. 마치 흙속에 묻힌 보석처럼 말이다.

어느 시인은 시를 언어의 놀이라고 했다. 언뜻 그렇게 생각되기도 한다. 시작詩作의 행위가 다만 언어의 장난에 지나지 않는다면 그건 받아들이기 거북하다. 언어를 장난감으로 여기고 시를 쓸 수는 없다. 우린 모국어를 존경해야 하며 언어로 장난을 칠 수는 없는 것이다. 엄숙한 자세로 언어를 대해야 하고 시에 가장 알맞은 언어 선택은 마치 농부가 고추 모종을 하듯이 좋은 종자를 선별하는 일이 아니겠는가. 언어 하나를 선택하기 위해서 미당은 소쩍새 소리를 기다렸고, 먹구름 속에서 천둥소리를 기다렸다. 언어의 놀이란 말은 가당치도 않는 이론이라 생각한다. 언어 속에 자기의 사상과 세계관을 심을 때 언어가 가치가 있는 것이다. 사물을 바로 꾀뚫어보는 날카로운 시선과 관찰이 없이는 본질에 들어서지 못하고, 그 주변을 맴돌다 만다. 그렇다고 너무 고뇌하고 아파하고 세상을 부정의 눈으로 보고 어떤 비전을 제시하기 위해 심각해서도 안 될 것이다. 비관하고 세상을 살아 보라. 그것이 결국에는 몸을 망치고 건강을 해치게 되고 만다.

우리는 세상을 비관하기보다 낙관해야 한다. 낙천을 보편화해야 한다. 비록 고달픈 세상일수록 그렇다. 이건 향락 문학을 하자는 얘기가 아니다. 자칫하면 염세관에 물들어 정신에 상처를 입게 될까 염려스러워 그렇다. 옛적엔 빈곤 속에서 자살을 선택했지만, 오늘의 사회는 부유하고 복에 넘친 사람들이 정신병에 시달려 자살하는 사회로 변질되었다. 시가 그들에게 희망을 주는 역할을 해야 한다. 정신과 의원에 가보면 의외로 노인환자 보다 젊은 환자들이 의외로 많다. 젊은이들의 정신이 병들어간다는 증거다. 나의 경우 원장과 상담해보면 약에 의지하지만 말고 문학 모임이나 시낭송회에 나가 대화를 나누고 낙관적으로 사는 게 더 중요하다고 말한다.

 빈곤하게 살아도 빈곤을 감수하고 이겨내는 의지가 없는 사람은 시인이 될 수 없다. 가난을 즐길 수 있는 사람. 시를 쓰면서 죄책감을 느끼지 않는 사람이 시인이 된다. 시는 영혼의 산물이라 손에 잡히는 게 없다. 지갑이 비어있어도 비관하지 않아야 시인이다. 오늘의 물질사회와 맞서서 싸워 이겨내지 않으면 시를 쓸 수 없다. 시는 숲 속의 별장에서 좋은 음식을 먹는다고 걸작이 태어나는 게 아니다. 나는 누옥에서 시를 쓰는 게 죄를 짓는 것 같아 골방에 숨어서 썼다. 바닷물은 마시면 마실수록 갈증이 더 난다. 하지만 시의 샘물은 한 모금만 마셔도 갈증을 면한다. 시의 효용성이 여기에 있다.

 시는 모국어를 풍요하게 만들어준다. 시인의 앞에는 언어의 밭이 있다. 언어를 유용하게 사용하는 사람이 독자가 놀라게 하는 시를 쓴다. 내가 의도한 말이 다 맞는 말은 아닐 것이다. 그래서 인간이고 시인이다. 시를 잘 접하는 사람은 느낌이 오고 그렇지 않은 사람이 시에서 감동을 느낄 수는 없다. 거미줄에 걸려 허상을 잡으려는 것은 어쩐지 멋쩍고 또 마음에도 들지 않고, 허무를 갖고 시를 써보면 허무맹랑해진다. 그게 시의 매력이니까 그걸 사랑했던 것이다.

　인간은 죽으면 끝난다. 시인도 죽으면 그만이다. 시인이 죽은 뒤에 유명해 진들 죽은 시인에겐 아무 소용이 없는 것이다. 시비 詩碑가 세워져도 현실을 떠난 시인이 현실과 무슨 관계가 있단 말인가. 죄 없는 돌에 음각으로 상처를 낼 일이 아니다. 상상력의 세계는 시인의 독특한 권한의 세계지만, 지나치게 일상을 뒤엎는 상상이 되면 독자가 당황하게 된다. 시의 묘미를 잃게 된다. 시인의 상상과 정신의 자유는 규제되어서는 안 되지만, 그것이 어느 한계를 뛰어넘게 되면 시의 진실을 의심케 된다. 기존의 방식을 깨려는 시도는 좋지만 허황된 상상은 애매모호함 때문에 새로움은 있어도 진실성이 약하다. 시인은 어느 처지에 놓이든 노래의 주인이 될 수밖에 없다.

　시인은 예언자 같이 미래를 점치는 자가 아니다. 자기가 살아가는 삶을 거짓 없이 드러내면 된다. 어떤 사실, 어떤 슬픔, 어떤 사건을 독자가 감동을 느낄 수 있도록 쓰면 된다. 비현실적인 것을 기발한 상상력으로 새로운 것인 양 표현한다고 해서 반드시 좋은 시는 아니다. '내가 살아 있다' '내가 본 것은 이렇다'는 것을 증명하는 작업이 시의 길이다. 이 길은 먼 길이고 죽음에까지 이르는 길이다. 언어를 존경하지 않고 말장난에 빠지다 보면 시의 본질을 잃어버리게 된다. 결국 혼魂이 없는 껍질의 시가 되고 만다.

문필가는 자유스러워지기를 원한다. 역사에 남은 위대한 석학들은 대개 독신으로 산 경우가 많았다. 플라톤, 헬라클레이토스, 데카르트, 스피노자, 칸트, 쇼펜하우어, 니체, 사르트르 등 이들은 다 독신주의자들이었다. 금욕주의는 어쩌면 잡념에 사로잡히지 않고 사상가의 정신을 최상의 경지로 끌어올리게 했는지도 모른다. 시인들도 불륜의 사랑을 즐겼지만, 그 사랑으로 영감을 얻어 명작을 남긴 사례가 많았다. 존재를 연민의 눈으로 바라보는 천착이 아니고서는 시인이 될 수 없으며, 이해와 타산이 없는 사랑의 힘이 시를 낳게 했다. 넘치고 성급한 사랑이 아니라 남루하고 상처 입은 사랑이 시인에겐 귀중한 것이었다. 시인은 허상이나 상상만을 먹고살 수는 없다. 예술엔 정상이란 없다. 8부 능선을 넘으면 성공으로 보아야 한다. 불완전한 것이 인간이기 때문이다. 인간의 육체는 땅에 발이 닿아있는 상태이면서 동시에 우주와 닿아있는 상태. 인간은 새처럼 우주를 날 수는 없지만, 우주와 관계를 맺고 있다. 땅에 발을 댄 것은 현실이고, 공간에 직립한 머리는 우주와 닿아있는 상태다. 시인은 무한한 상상의 세계와 교신하고 있다. 시인은 땅에 발을 딛고 있는 현실을 무시할 수 없고, 우주공간의 세계를 무시할 수 없다. 인간은 현실과 상상의 세계를 동시에 갖는다.

　시인은 자신의 이름이 알려지기를 바라기보다 자신의 시가 세상에 알려지기를 바라야 한다. 우린 고려자기와 금속활자를 만든 사람의 이름을 모른다. 평민이 이룬 작품이 이렇게 남을 수 있었다. 햇빛이 좋기는 해도 너무 오래 쬐이면 쓰러진다. 그늘이 때로는 햇빛보다 요긴하다. 밝은 시보다 어두운 시가 빛을 발하는 경우도 있다. 풍경은 침묵하고 있지만 많은 것을 말해주고 있다. 우리가 조용히 다가가서 차분한 마음으로 대하면 세상의 괴로움과 어려운 문제를 풀어주고 그 해답을 얻게 될 것이다. 자연을 선망의 눈으로 바라보는 것이 곧 시에 이르는 길이다. 자연과 기탄없이 무언의 대화를 나누는 경지가 시인에 이르는 길이다. 세월은 인간의 얼굴에 머물다가 흔적을 남기고 떠난다. 그 흔적이 주름살이고 검버섯이다. 주름살은 상처가 아니다. 그것은 그 인간의 역사를 말해주는 것이다. 검버섯은 바위에 핀 석화石花 같은 것이다.

한 번의 거짓도 오만도 없었던 고향의 물빛과 산색의 정감을 잊을 수 없다. 나는 벌열 시인도 못 되었으며 과객 시인도 되지 못했다. 한낱 여항 시인으로 살아온 것을 후회하지 않는다. 배소의 세월을 차분하게 산 게 생에 무한한 보탬이 되었다. 황폐한 정신으로 삶과 글쓰기에 매달렸던 불행이 오히려 자신을 오만하지 않은 낮은 자리의 시인으로 고착시켜 스스로 자위하는 삶을 살게 했다. 이런 삶에 추호의 후회도 없다는 점이다. 고독이 깊어지지 않으면 시도 잘 안되고 하루 생활도 허무하게 생각된다. 우리는 백지상태의 고요와 침묵이 없기 때문에 좋은 시를 쓰지 못하고 있다. 많은 담론이 지배하는 사회가 미워졌다. 늘 하는 말이 있다. 시는 손으로 만질 수 있는 물건이 아니다. 그러나 시를 마음으로 껴안을 수는 있다. 시는 무형의 향기이기 때문이다.

　대나무엔 일정한 간격으로 마디가 있다. 인생에도 마디가 있다. 시에도 일정한 간격을 두는 마디가 있다. 마디가 없는 갈대는 곧 쓰러진다. 마디와 마디가 서로 협력해서 땅에 몸을 세울 수가 있다. 그것이 절節이고 율律이며 시詩인 것이다. 우리가 늘 주무르는 시는 그 속에 자신의 마음을 담아보려는 도공의 의지와 별로 다르지 않다. 시의 빛깔이 여물도록 밤이면 별빛을 등에 지고 마당을 거닐었고, 아침이면 물가에 나가 물잠자리를 보았으며, 풀잎에 맺히는 이슬에 젖기도 했다. 그저 텅 빈 것 같은 허무의 상태, 거기다가 삶의 고독을 깔고 그 위에 소란스러운 형상을 조용히 앉히는 것이 시의 욕심이었다. 다시 서두로 돌아간다. 전선電線이 하나가 아니라 두 줄이 흘러가야만 등대에 불을 켤 수 있다. 두 줄의 철길은 서로 만날 수는 없지만, 서로 목적지에 함께 닿을 수 있다. 나는 두 줄의 시면 족하다고 생각한다. 둘이 함께 가는 음양陰陽의 시. 그것을 위해 지금까지 살아왔다. 하지만 공든 탑은 허물어졌다.

계간문예시인선 161

정일남 시집 _ 밤에 우는 새

초판 인쇄 2020년 10월 30일
초판 발행 2020년 11월 5일

───

지 은 이 정일남
회　　장 서정환
발 행 인 정종명
편집주간 차윤옥

───

펴낸곳 도서출판 **계간문예**
편집부 03132 서울 종로구 삼일대로 30길 21 종로오피스텔 1209호
주소　 03132 서울 종로구 삼일대로 32길 36 운현신화타워 305호
전화 02-3675-5633 팩스 02-766-4052
인쇄 54991 전북 전주시 완산구 공북1길 16, 신아출판사
이메일 munin5633@naver.com
등록 2005년 3월 9일 제300-2005-34호
ISBN 978-89-6554-227-8 04810
ISBN 978-89-6554-118-9 (세트)

───

값 10,000원

───

잘못 만들어진 책은 바꾸어 드립니다.

이 도서의 국립중앙도서관 출판예정도서목록(CIP)은 서지정보유통지원시스템 홈페이지(http://seoji.nl.go.kr)와 국가자료공동목록시스템(http://www.nl.go.kr/kolisnet)에서 이용하실 수 있습니다. (CIP제어번호: CIP2020045850)